AF440292

IIIE CENTENAIRE

DE

S^{TE} THÉRÈSE DE JÉSUS

CÉLÉBRÉ

DANS LA CHAPELLE DES CARMÉLITES

DU MANS

NEUVAINE ET TRIDUUM

DU 6 AU 18 OCTOBRE 1882

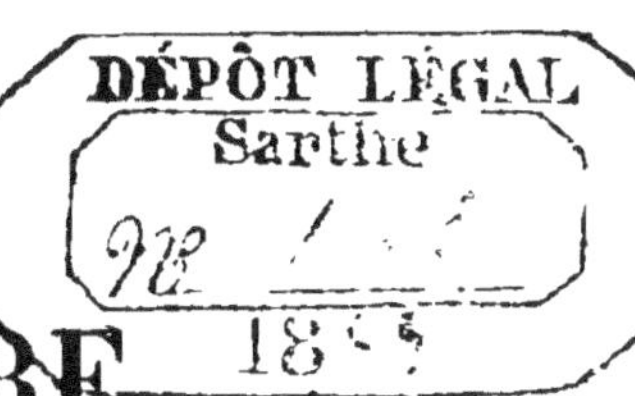

————～～～————

LE MANS

LEGUICHEUX-GALLIENNE, IMPRIMEUR, LIBRAIRE-ÉDITEUR

15, RUE MARCHANDE ET RUE BOURGEOISE, 16

1882

TROISIÈME CENTENAIRE

DE

SAINTE THÉRÈSE

DE JÉSUS

L'oubli de soi-même et le silence sur ce qui concerne ses membres comptent trop parmi les vertus et les habitudes des filles de sainte Thérèse pour attendre d'elles le récit des merveilles accomplies pendant treize jours dans le sanctuaire du Carmel du Mans. J'attendais cependant, je l'avoue, à défaut de la voix de ces saintes recluses, qu'une plume autorisée vint retracer le souvenir des choses si belles dont nous avons été les témoins. J'espérais entendre l'écho des paroles tour à tour puissantes et douces que nous avions entendues. Je l'espérais pour l'édification des chrétiens qui n'ont pu célébrer avec nous le 3ᵐᵉ centenaire de la grande réformatrice du Carmel; mais puisque le silence continue à se faire à ce sujet, je n'hésite plus à publier même tardivement le souvenir des impressions, je voudrais pouvoir dire des fruits que j'ai recueillis.

Ces fêtes du Carmel ont eu de nombreux témoins, et l'on peut affirmer sans être démenti qu'il n'est pour ainsi dire pas une maison de votre grande Cité, qui n'y ait pris part.

Les plus grands mondains se sont associés aux sentiments des Recluses, inconnues du plus grand nombre, célébrant par des pompes inaccoutumées les gloires de leur sainte Fondatrice; et il nous semble permis de conclure de la grande affluence des pèlerins du Carmel une bien consolante assurance, à savoir que le XIXe siècle aussi bien que le XVIe ressent la mystérieuse influence de l'illustre Réformatrice du Cloître.

Bien des cœurs déjà initiés aux splendeurs de la foi, en sont revenus plus éclairés, plus sympathiques à la vie monastique; bien des spectateurs émerveillés des splendeurs de la chapelle des Carmélites et qui avaient cru en la visitant satisfaire une curiosité mêlée d'indifférence, en ont remporté des sentiments peu définis, peut-être, mais à coup sûr des enseignements qu'ils ne soupçonnaient pas y rencontrer.

La magnificence des décorations, les suaves harmonies des chants religieux, la pompe des cérémonies, le culte exceptionnel rendu à une religieuse espagnole morte depuis trois siècles, derrière la grille d'un cloître, semblable à celle qui était là si près d'eux et à travers laquelle leurs yeux cherchaient peut-être à découvrir les silhouettes à demi effacées dans la pénombre des filles de la sainte : tout cela était pour le plus grand nombre comme une initiation à des faits et à des vérités d'un ordre nouveau, savoir que la sainteté est un état d'une incomparable grandeur.

Le moine inconnu qui a chanté l'épopée de Roland, met dans la bouche de l'envoyé du roi des Maures d'Espagne à Charlemagne ces mots dignes d'Homère : « Il doit être bien rempli de siècles, il y a si longtemps que la terre tremble au bruit de son nom. »

Peut-on exprimer avec plus d'énergie que le poète du dixième siècle, la consécration, par le temps, de la gloire et des conquêtes? Mais pourquoi trouverait-on étrange de l'appliquer à la Vierge d'Avila ? L'héroïne Castillane fut-elle donc moins grande que le grand empereur ? Elle fut législateur et victorieuse comme lui, le temps a, pour elle comme pour lui, sanctionné la gloire et les conquêtes.

Je préfère cependant, au lieu de cette réminiscence poétique du vieux moine, appliquer à Thérèse l'éloge de l'Écriture : *Oleum effusum nomen tuum.* Son nom n'a pas fait trembler le monde, mais depuis trois siècles, il le remplit d'un parfum qui s'y conserve et s'y répand inaltérable et fécond, plus délicieux et plus puissant en traversant les siècles.

Ce n'est pas le cloître dévoilant ses mystères d'expiations pour un monde qui n'a pas même conscience de tels sacrifices, ce n'est pas le Carmel faisant à ce monde curieux et blasé la confidence de ses mortifications et des béatitudes de sa vie pauvre, austère et inconnue : non, c'est simplement la gloire désormais éternelle de sa Patronne qui se réflète et qui déborde sur la terre ; c'est le mystère de la sainteté de Thérèse qui se révèle et que Dieu fait briller pour illuminer à l'improviste les nations et les individus.

C'est donc pour célébrer dignement le troisième centenaire de leur sainte Fondatrice, et faire participer un grand nombre d'âmes aux grâces que nous venons d'énumérer, que les Carmélites du Mans ont orné, pavoisé, illuminé leur sanctuaire avec une magnificence inaccoutumée. Grâce à l'habile ordonnance qui y a présidé, grâce à ces mille soins que l'amour de Dieu sait inspirer et que nulle difficulté n'arrête, quelle splendeur dans l'ensemble et quelle poésie dans le décor ! Quelle harmonie et quelle suavité dans les détails ! Quelle intelligence dans tous ces emblèmes savamment rassemblés et dont le langage saisit tous les esprits et tous les cœurs !

L'architecture à la fois élégante et sévère de la chapelle invite en tout temps à la méditation et à la componction, c'est le langage habituel de ce pieux sanctuaire de cette retraite si bien appropriée au recueillement et à la prière silencieuse et solitaire ; mais pendant la neuvaine précédant la glorieuse fête de leur patronne et le *Triduum* qui l'a suivie, consacré à l'exaltation de sa gloire séculaire, les filles de sainte Thérèse ont admirablement compris qu'il convenait d'imprimer à l'édifice lui-même un caractère particulier. Car ces jours bénis ne sont pas des jours de douleurs et de plaintes. C'est comme un reflet des béatitudes célestes et de la gloire des saints qui doit illuminer et réjouir la solitude de celles qui ne cessent d'aspirer à la céleste Patrie et de gémir sur l'exil qui les en sépare encore. Ce sont des jours de triomphe et des joies surnaturelles; aussi tout ici est transformé.

Vous avez vu et compris ces riches draperies aux mille couleurs harmonieuses dans leur effet; votre œil charmé, en suivant leurs lignes brillantes et leurs plis majestueux, reconnaissait que cette nef du temple était devenue une voie triomphale. Il s'arrêtait de distance en distance sur des cartouches dus à d'habiles pinceaux, semblables aux médaillons et aux trophées qui s'étalent d'ordinaire sur le passage des triomphateurs et qui proclament leurs hauts faits et leurs victoires. Ce sont en effet les hauts faits et les victoires de la Sainte depuis le jour, où à l'âge de sept ans, elle aspira aux palmes du martyre jusqu'à celui où elle reçoit de son Divin Époux la couronne des Vierges.

De joyeuses bannières se balancent de toutes parts et vous y avez lu le résumé de sa vie; c'est sa sublime devise : Ou souffrir ou mourir, *aut pati, aut mori*, dont l'enseignement a pénétré jusqu'au fond de vos âmes, devise qui suffirait à l'illustrer, à la recommander à jamais à l'admiration et à l'imitation des fidèles.

Les écussons de l'immortel Pie IX et du grand Pape qui lui a succédé, celui de l'éminent Prélat qui siège sur la chaire de saint Julien, vous ont dit que ces fêtes auxquelles vous prenez part sont ordonnées par ces Pontifes, qu'elles sont sanctionnées par l'autorité suprême de l'Église et enrichies à votre profit de grandes faveurs spirituelles, enfin qu'elles sont présidées par l'Évêque qui gouverne l'Église du Mans, qui a voulu être lui-même le Supérieur de cette pieuse famille monastique des Carmélites du Mans.

Lorsque bien souvent avant ces belles fêtes vous êtes venus vous agenouiller et prier dans ce pieux sanctuaire, vous avez remarqué et admiré le gracieux escalier de pierre qui, par une double rampe, semblable aux sentiers d'une montagne, s'élève jusqu'à deux grilles situées au fond de l'abside de ce charmant édifice.

Vous avez vu maintes fois le divin Maître gravir la pente de cette montagne ; ce n'est pas l'escalier de son Calvaire, je dirai plutôt que c'est le sentier de son Thabor, car c'est la voie qui conduit au lieu où Il va se donner comme aliment de vie à celles de ses Épouses que la maladie retient sur des lits de douleurs plus pénibles que celui où elles passent leur vie habituelle d'austérités et de souffrances.

Pouvait-on, dites-moi, choisir un lieu plus approprié au triomphe et à l'exaltation de la Sainte qui, par ses écrits, ses enseignements et ses exemples, a initié tant d'âmes à la science de la mortification et de la sanctification par la souffrance et par l'amour !

C'est là que les pieuses filles de sainte Thérèse ont eu l'heureuse inspiration de placer le trône de gloire de leur Mère.

C'est là que nous l'avons contemplée vêtue du costume monastique, agenouillée, mais non prosternée dans la poussière de son néant, qu'elle ne cessait pourtant pas de proclamer. Elle est en extase et tient encore à la main la plume qui vient de tracer des pages toutes brûlantes de l'amour de son Jésus et de zèle pour les âmes, sur un livre que soutient, près d'elle, un ange aux ailes déployées. Un autre porte, dans ses mains, la barette blanche du doctorat, que lui a décerné l'université de Salamanque.

Tout autour de ce groupe palpitant de vie, que domine la Colombe céleste, semblent voltiger de nombreux chérubins, assistant au triomphe de la Séraphique Thérèse, répétant avec elle son chant triomphal dont une éclatante banderolle nous fait lire les paroles : « *Misericordias Domini in æternum cantabo.* »

Ce triomphe, en effet, est-il autre chose que l'amour de Thérèse et la miséricorde de son Dieu ?

Qui de nous, en contemplant ce groupe inondé de lumière pendant que l'autel où nous adorions son céleste Époux resplendissait de mille feux, n'a pas eu un instant comme une vision du Thabor et n'a pas dit comme saint Pierre : Maître, il est bon de demeurer ici !

Oh ! oui vraiment, de demeurer à jamais dans cette sainte retraite du Carmel, en la compagnie de sainte Thérèse et près du tabernacle où repose Jésus ! Et plus d'une âme sans doute pendant ces jours bénis a porté ses aspirations vers les hauts sommets du Carmel, s'est demandé si cette part de la vie n'était pas comme celle de Magdeleine la meilleure ici-bas et n'était pas déjà l'avant-goût des éternelles félicités ! Plus d'un spectateur ému a certainement porté envie aux familles qui comptent quelqu'un des leurs au nombre des compagnes et des filles de la glorieuse Thérèse de Jésus !

Parmi les pensées consolantes qui occupaient mon esprit au cours de ces belles cérémonies, il en est une que je veux vous dire, elle est douce au cœur des pauvres mondains comme nous à cause de la part que nous y prenions. Avez-vous remarqué comme moi le silence et l'effacement de ces saintes filles de Sainte Thérèse pendant les fêtes de ce beau Triduum; elles ont tout préparé par leurs soins et leurs travaux pour le triomphe de leur Mère, mais elles ne l'ont pas vu de leurs yeux. Ce ne sont pas elles qui ont chanté ses louanges, qui ont rendu grâce à Dieu par leur chant plaintif et grave qui semble figurer à la fois les respirations et les défaillances de l'amour; ce sont les paroisses de la ville, ce sont les divers représentants de l'ordre monastique de la contrée, c'est le séminaire, c'est le chapitre de la cathédrale qui tour à tour fêtent la sainte du Carmel, ce sont des artistes pieux et dévoués dont les noms sont dans toutes les bouches, qui unissent leurs talents pour rehausser la beauté des cérémonies ; c'est enfin la foule toujours croissante des pèlerins qui célèbrent le triomphe de la sainte, car ce ne sont plus seulement des spectateurs curieux, ce sont des enthousiastes du Carmel.

C'est que des voix puissantes autant qu'inspirées ont, pendant ces treize précieuses journées, ouvert d'abondantes sources d'instruction solide et de science mystique mise à la portée de tous.

Pendant la neuvaine préparatoire, le Père Alet, de la Compagnie de Jésus, a tenu son auditoire captif et suspendu à ses lèvres, montrant tour à tour sainte Thérèse comme sainte, docteur et apôtre.

Il a su faire connaître et aimer cette sainte, si exceptionnellement grande par des vertus éminentes et des actes et des écrits si fort en dehors des voies communes et qui excitent chez les indifférents et les tièdes plus de frayeur que d'admiration. On ne sait généralement de l'héroïque Vierge d'Avila que ses extases et ses ravissements; sa sainteté si haute, mais si austère semblait pour beaucoup inimitable. On ignorait la simplicité tout aimable de son âme, le charme infini de ses relations qui captivait les cœurs; le R. P. Alet nous a fait connaître ses luttes et ses victoires sur elle-même. Elle a fleuri à l'ombre du cloître sous le regard de Dieu, mais façonnée par le Maître Souverain elle a étonné le monde aussi bien par la joie et le bonheur qu'elle savait répandre autour d'elle, que par ses héroïques vertus.

Au jour de la fête à laquelle la parole du P. Alet avait si bien préparé le monastère et les fidèles qui l'avaient pieusement entendue, la chapelle ne pouvait contenir la foule empressée. Ce jour là, en effet les enfants dispersés de saint Benoît que l'iniquité triomphante a violemment chassés de Solesmes, devaient se réunir au Mans, pour fêter sainte Thérèse et n'était-il pas touchant de voir unis ces deux rameaux les plus anciens et les plus respectés de l'ordre monastique.

La présence du Révérendissime Abbé de Solesmes, Dom Couturier, nous faisait involontairement reporter nos pensées vers cette grande époque du XVIe siècle où tant de saints éminents fleurissaient dans l'Église, en dépit ou plutôt peut-être à cause des grands troubles qui alors comme aujourd'hui mettaient en péril l'ordre religieux et politique de l'Europe. Mais l'impression qui dominait en ce moment mon esprit était plutôt un senti-ment d'espérance que de crainte : la ferveur que le monde entier témoigne pour le centenaire de sainte Thérèse comme pour celui de saint François d'Assise, n'est-elle pas un signe d'une recrudescence de la foi et de la piété? A quelques jours de distance, l'Église a fêté ces deux saints. Une vision prophétique du Pape Innocent III ne lui a-t-elle pas montré l'édifice ébranlé de l'Église sou-tenu et raffermi par le pauvre d'Assise ; et dans les dangers toujours croissants de l'ordre social, quelle confiance ne doit pas nous donner la vertu de la pénitence et de l'expiation si héroïquement mise en pratique par sainte Thérèse, et par la famille du Carmel qui vit de son esprit, de ses œuvres et de sa doctrine

Ces pensées, sérieuses et consolantes à la fois, nous occupaient pendant que nous suivions d'un œil ému les pompes de la liturgie sacrée, célébrées par ces fils de saint Benoît dont l'œuvre survit toujours malgré les efforts impuissants du monde et de Satan. Combien toutes ces pensées se sont développées et affermies lorsque nous avons entendu la savante homélie du révérendissime Abbé, chef-d'œuvre d'érudition et d'ascétisme.

Après le Père Alet, qui le soir nous révéla les merveilles du cœur de la séraphique Thérèse, Dom Couturier avait complété l'introduction à ce magnifique *triduum* qui devait couronner le Centenaire de Thérèse de Jésus, et ces trois grandes journées devaient être remplies par la présence et la parole du premier Pasteur du diocèse, Mgr d'Outremont.

Une grille austère, un voile noir séparent les deux assistances qui prennent part à ces augustes cérémonies et je voudrais pouvoir dire quelles pensées faisait naitre en moi la vue de choses si diverses et leur saisissante unité. D'un côté, une demi obscurité qui faisait songer à la nuit de la tombe, un silence qu'aucun murmure ne trouble, les filles mêmes de la Sainte, (en ce moment même glorifiée et exaltée), portant comme à l'ordinaire l'austère habit des solitaires du Mont-Carmel, car elles ne se dépouilleront pas un seul jour de la sainte livrée de la pauvreté sous laquelle demeurent cachées les meurtrissures de la pénitence.

De l'autre côté, c'est la splendeur d'une illumination radieuse, c'est l'harmonie des chants sacrés et des orgues majestueuses, c'est le Pontife revêtu de ses ornements avec leur royale magnificence, *regale sacerdotium*, sous lesquels l'œil de Dieu découvre la mortification et le détachement aussi bien que sous la bure du cloître.

Quels enseignements dans ces contrastes et dans cette unité ! C'est la vigne symbolique dont nous avons remarqué l'emblématique beauté. Elle a jeté ses profondes racines sur les hauts sommets où nous considérions tout à l'heure le groupe de la sainte et des anges. Ses rameaux puissants couverts de fruits s'enroulent sur les rampes et les degrés de l'escalier que nous avons précédemment décrit.

La vigne symbolique s'étend dans le sanctuaire témoin glorieux de l'œuvre de sainte Thérèse, tandis que cette œuvre elle-même reste de l'autre côté de la grille avec ses réalités invariables. Et pendant ce temps, les rites d'une messe pontificale s'accomplissent avec les pompes des grands jours. L'Évêque, représentant de Jésus-Christ, prie, rend grâce et sacrifie. Il rend grâce à Dieu le Père des dons merveilleux dont il a enrichi l'âme de son humble servante.

C'est le même Jésus-Christ qui par la bouche du Pape Grégoire XV a défini l'héroïsme de ses vertus, et ordonné qu'un culte extérieur et public fut rendu à celle qui est à jamais l'Épouse aimée de son Cœur divin.

Pendant ce temps nous étions là, pèlerins et spectateurs associés à cette fête, petite portion de l'Église universelle qui, à la même heure, célébrait la fête de sainte Thérèse sur tous les points de la terre où elle a des sanctuaires et des autels. Voilà ce que nous disait la présence de l'Évêque et la bénédiction papale répandue par ses mains sur le monastère et sur les fidèles assemblés autour de lui.

Mais la présence de Mgr d'Outremont ne suffisait pas

pour témoigner sa dévotion personnelle à sainte Thérèse
et ses pieuses sympathies pour le Carmel de sa ville épis-
copale ; elle ne suffisait pas surtout à cette assemblée de
fidèles qui sait à quel point l'illustre Prélat est initié aux
secrets de la vie intérieure. Aussi, attendait-elle de sa
bouche, non seulement le panégyrique de la sainte, mais
encore des leçons pratiques sur ces mystères de dévotion
qu'il tient, à n'en pas douter, de Thérèse elle-même et
des autres docteurs de sa mysticité. C'est là ce que sa voix
aimée a fait entendre pendant ce beau *Triduum.*

Quelle science théologique et quelle clarté dans l'expo-
sition qu'il a faite de la nature de sainte Thérèse, dans
la définition des procédés et des effets de la grâce en elle,
et dans la démonstration des développements que cette
grâce a donnés à son esprit et à son cœur ! Quelle suavité et quelle méthode dans la description qu'a donnée
le pieux Prélat des procédés et des effets pratiques de
l'oraison !

Toute la doctrine des mystiques a été mise par Lui à
la portée des plus humbles ; tous les cœurs ont saisi
sans effort ces leçons données avec la grâce qui lui
est propre, et traduite dans un langage dont il a le secret ;
aussi, après avoir dit comment cette grande mystique,
cette sainte dont le cœur a été en contact immédiat avec
le cœur de son Maître bien-aimé, s'était élevée par l'oraison à ces sublimes hauteurs, nous a-t-il appris ce qu'est
l'oraison et comment elle doit-être la base de toute vie
chrétienne. Je soupçonne fort sa Grandeur de mettre elle-
même en pratique, avant d'en distribuer les fruits à son
troupeau, cette charmante leçon de saint Bernard dans
son école du cloître : « *Cherchez dans la lecture des saints
livres, et vous trouverez dans la méditation ; frappez dans
l'oraison, et il vous sera ouvert dans la méditation : la lecture prépare à la bouche un aliment solide, la méditation le*

*broie, la contemplation en retire les délices qui réjouissent
et fortifient.* »

Telles ont été les fêtes auxquelles il nous a été bien
doux d'assister ; il est sans doute présomptueux à moi de
publier au dehors les impressions intimes que j'y ai res-
senties, tandis que tant de cœurs mieux préparés en ont
reçu de plus complètes et de plus profondes ; mais je les
offre telles que je les ai éprouvées, comme témoignage de
ma reconnaissance envers le Carmel du Mans et de mon
admiration pour les orateurs éminents qui les ont pro-
duites pendant les fêtes consacrées à la glorification de
Thérèse de Jésus.

Un Pèlerin du 3me centenaire de sainte-Thérèse.

Le Mans. — Impr. Leguicheux-Gallienne.

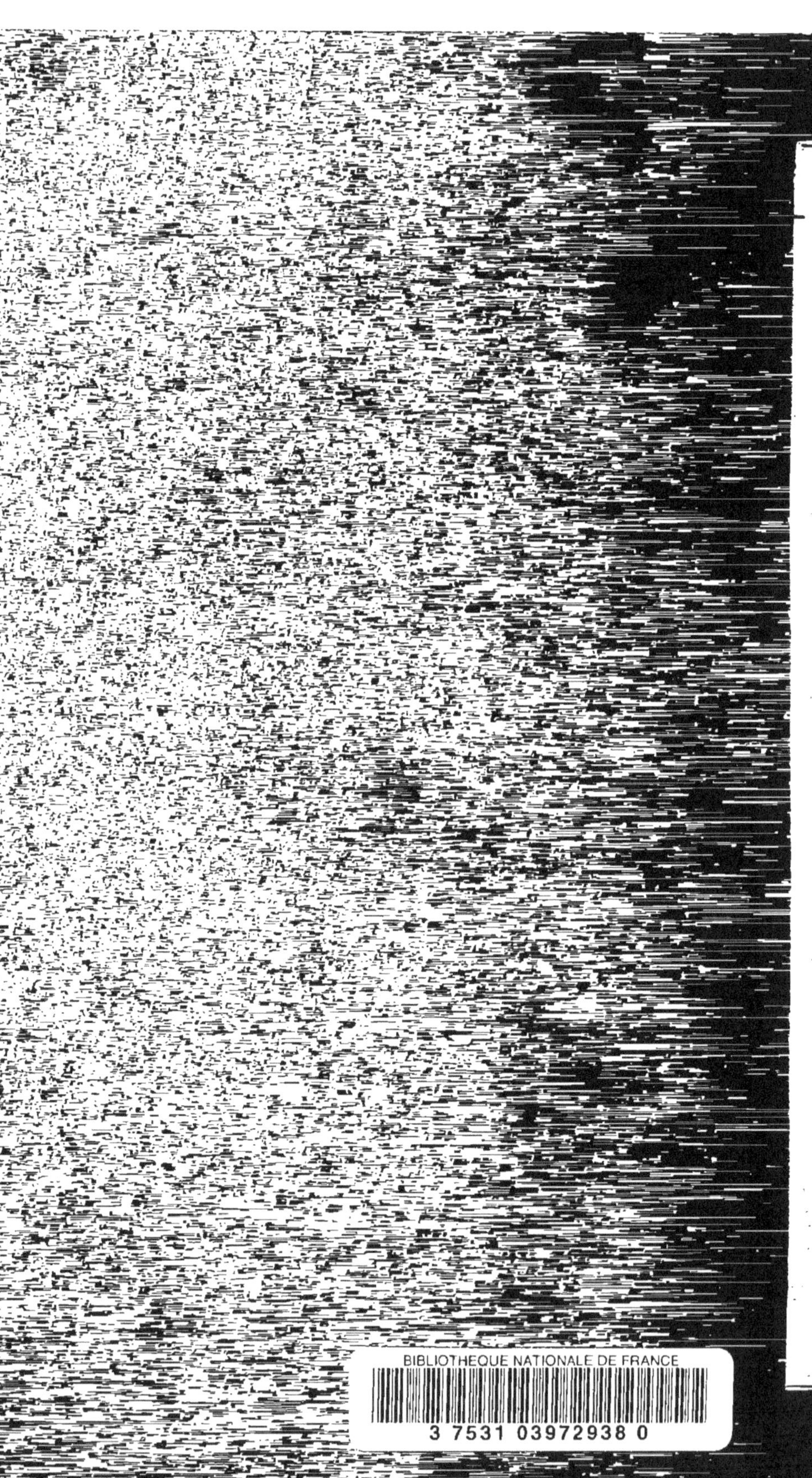